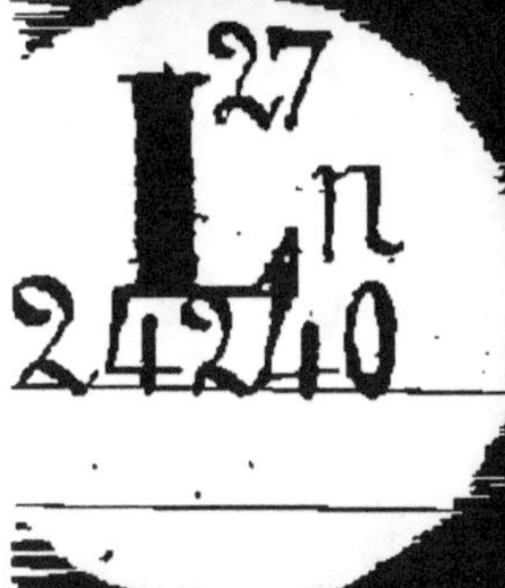

VIE & MIRACLES

DE

SAINTE GERMAINE

Par M. l'abbé H... B...

TOULOUSE

IMPRIMERIE PRADEL ET BLANC

RUE DES GESTES, 6.

—

1867

VIE & MIRACLES

DE

SAINTE GERMAINE

Par M. l'abbé H... B...

TOULOUSE

IMPRIMERIE PRADEL ET BLANC

RUE DES GESTES, 6.

1867

VIE & MIRACLES

DE

SAINTE GERMAINE

CHAPITRE PREMIER. — Vie.

§ 1er. Naissance de Sainte Germaine.

Germaine Cousin, que Sa Sainteté Pie IX vient de placer sur nos autels, naquit vers l'an 1579, à quelques lieues de Toulouse, dans un village nommé Pibrac.

Ses parents, d'après tout ce que nous avons pu apprendre, paraissent avoir vécu dans une honnête aisance. Laurent Cousin et Marie Laroche fesaient valoir une petite ferme, lorsque le Seigneur bénit leur union par la naissance d'une petite fille qu'au saint Baptême on nomma Germaine.

Malheureusement la jeune enfant ne

put longtemps jouir de la protection affectionnée de sa mère; car à la suite d'une douloureuse maladie, Marie Laroche mourut dans les sentiments d'une pieuse résignation. Avant de mourir, elle recommanda Germaine à son mari Laurent Cousin, qui promit de reporter sur l'enfant toute l'affection qu'il avait pour la mère.

Laurent, nous l'avons dit, cultivait les champs. Or, ses occupations ne lui permettant pas de demeurer à la ferme, il comprit que pour mieux soigner son enfant, il devenait nécessaire de remplacer la mère que la mort avait ravie. Il résolut donc de prendre une femme, et quand il l'eut épousée, il la mena à sa fille, espérant avoir aussi ramené au foyer domestique une compagne pour lui et une mère pour son enfant.

Pendant quelque temps l'épouse de Laurent sembla justifier son choix, et Germaine grandissait sans appréhensions comme sans inquiétudes. Mais lorsque de nouveaux enfants naquirent à la ferme, Germaine vit s'enfuir toute son espérance, et de fille bien-aimée qu'elle avait été jusque-là, elle tomba dans une condition inférieure à celle d'une servante.

La pauvre enfant était née avec une complexion délicate. Les quelques soins dont elle avait été d'abord l'objet avaient préservé sa santé des accidents fâcheux qu'on craignait à sa naissance. Aujourd'hui les mauvais traitements de sa marâtre allaient développer rapidement les germes d'une maladie qui avait emporté la mère.

A la suite du travail forcé qu'on imposait à sa faiblesse, le bras et la main gauche de Germaine éprouvèrent une déviation que le défaut de soins aggrava au point d'interdire à la jeune fille l'usage de ses membres; et des scrofules désagréables labourèrent son cou et lui causaient parfois des douleurs insupportables.

§ 2. Germaine fait sa première communion.

Les tristes infirmités de Germaine, loin d'inspirer à sa belle-mère ce sentiment de bienveillante pitié que commande le malheur, ne fesaient que l'irriter et provoquer son dégoût. Aussi dès le matin la jalouse marâtre poussait hors du logis la pauvre malade, et l'envoyait dans la campagne veiller à la garde de quelques brebis qui composaient le troupeau de la ferme. Germaine recevait alors pour la journée, un morceau de pain noir et un paquet de lin qu'elle devait filer avant le soir.

Cette perpétuelle solitude à laquelle notre Bergère était forcément condamnée, vivant toujours loin de la maison paternelle, en la seule compagnie de timides animaux, avait peu à peu détaché son cœur de la terre. Aussi lorsque fut venu pour Germaine le moment de s'unir à son Dieu par la première communion, depuis longtemps son âme, ouverte aux saints enseignements d'en haut avait préparé pour le divin Époux une demeure magnifiquement ornée et embellie.

Après avoir goûté les consolations ineffables du banquet eucharistique, Germaine ne savait plus comment témoigner

sa reconnaissance à ce Jésus qui se don-
nait à elle. Elle aurait voulu toujours
demeurer devant le tabernacle pour lui
montrer toujours à quel point elle savait se souvenir ! Mais puisque ses occupations la retenaient loin de l'église,
elle ne voulut pas du moins se priver
entièrement du bonheur de converser
avec Dieu. Plus d'une fois, sous l'inspi-
ration d'une pensée venue du ciel, elle
planta au milieu de ses brebis sa houlette
de bergère, et s'achemina vers le temple
où la cloche appelait les fidèles. Plus
d'une fois elle laissa son troupeau sous
la garde de Dieu, pour venir s'agenouiller devant l'autel solitaire, avant la fin
du jour ! Jamais, pendant les absences
de la pieuse Germaine, les animaux
qu'elle avait ainsi abandonnés ne quittè-
rent le lieu où elle les avait laissés ; jamais les loups ne vinrent de la forêt
voisine, qui les abritait en si grand nombre, pour inquiéter le petit troupeau, car
il est vrai de dire que ce que Dieu garde
est bien gardé.

§ 3. Le miracle du Courbet.

Le village de Pibrac, bâti sur un petit coteau, domine gracieusement les vallons qui l'entourent. Dans ces vallées coulent sans tumulte quelques ruisseaux dont les ondes tranquilles caressent, pendant l'été, les odorantes fleurs qui croissent sur la rive. Mais lorsque l'hiver dépouille les campagnes, les eaux accumulées sur les sommets descendent avec fracas en changeant en torrent les ruisseaux ordinairement si paisibles.

Un jour pendant la saison des pluies, Germaine, fidèle à ses habitudes laborieuses, s'était avancée dans les champs où elle menait paître les brebis. Arrivée près d'une croix qui bordait la route, elle s'agenouilla pendant quelques instants pour faire à Dieu sa prière, et puis prenant sa quenouille et son fuseau, elle commença sa tâche journalière, et fila le lin qu'elle avait emporté de la ferme. Ses moutons chéris autour d'elle, notre Bergère s'entretenait avec son Dieu par la méditation, lorsqu'elle entendit la cloche du village annonçant l'heure de la messe. Germaine aussitôt conduit son troupeau près de la croix naguère confident de sa prière, elle dépose sa quenouille et sa houlette, et descend sans préoccupations vers le *Courbet*, qui coulait au bas de la colline. Ces chemins qui sillonnaient les champs offraient une route connue de le Bergère, qui bien de fois les avait suivis pour arriver plus tôt à l'église; son pied, habitué aux pierres de la route, franchissait les obstacles, et les eaux du ruisseau n'arrêtaient jamais sa marche sûre et empressée. Il est vrai que jusqu'ici les ondes tranquilles avaient toujours coulé sur un lit de cailloux dont on apercevait aisément le fonds. Aujourd'hui, le *Courbet*, grossi par les eaux tumultueuses du dernier orage qui avait grondé sur la montagne, s'était répandu sur les champs voisins et avait fait disparaître toute trace du petit sentier suivi par Germaine. Les villageois qui comme elle marchaient, dans la belle saison, sur cette route maintenant impraticable, avaient pris le chemin qui domine le village et permet de passer sur un pont le ruisseau devenu torrent.

Depuis quelques instants, ces personnes suivaient d'un œil curieux et inquiet notre Bergère, dont la course ne se ralentissait pas. Tout-à-coup ils levèrent les bras au ciel, un cri s'échappa de leur poitrine : ils ont vu Germaine au milieu des eaux frémissantes et écumantes. Nul doute, l'imprudente enfant a payé de sa vie sa téméraire audace ! les flots ont englouti la pauvre fille qui a osé braver leur fureur ! Ces campagnards étaient encore sous cette affreuse impression, lorsqu'ils virent sur la rive notre Bergère tranquille et marchant vers l'église, comme si nul obstacle n'avait paru sur ses pas.

Arrivés au hameau, nos villageois racontèrent le prodige dont ils avaient été les témoins, et bientôt, dans Pibrac, tout le monde connut le miracle, bénit la Bergère et loua Dieu qui protége ceux qui le servent avec empressement et humilité.

§ 4. La marâtre.

Il semble qu'une protection si marquée de la Providence aurait dû changer en vénération les mauvais traitements que Germaine avait à subir de la part de sa belle-mère. Il n'en fut rien ; au contraire, la marâtre, jalouse des faveurs que le Ciel accordait à Germaine, redoubla de méchanceté. Jusque-là Laurent Cousin avait eu quelques égards pour sa fille. Hélas ! ces restes d'une vieille affection s'évanouirent devant les accusations toujours réitérées de sa femme, qui finit par aliéner le cœur de Laurent.

Germaine avait eu l'autorisation de s'asseoir quelquefois au foyer de la famille ; son pain, quoique bien amer, n'avait pas encore été trempé par ses larmes solitaires. La marâtre obtint de la faiblesse de son époux que désormais la pauvre enfant n'aurait plus sa place auprès des autres enfants de la maison, et on lui assigna, pour y passer la nuit, un méchant petit réduit sous un escalier ouvert à tous les vents, sous le fallacieux prétexte que de ce lieu il lui serait plus facile de veiller sur son troupeau. On répandit sur le sol quelque fagots de bois rapportés de la montagne, et on lui intima l'ordre de dormir sur ce lit.

Germaine ne laissa pas échapper une plainte; ses lèvres s'entrouvrirent à peine pour dire à Dieu, dans une prière : Mon Dieu, vous avez plus souffert que moi, et vous l'avez bien moins mérité.

La femme de Laurent ne s'arrêta pas là, et bien que sa belle-fille, toujours prévenante et affectueuse, prît dans les soins du ménage ce qu'il y avait de plus pénible et de plus bas, la marâtre hargneuse répondait par des coups et remerciait l'enfant par de dures paroles. Lorsque le travail était fini à la ferme, elle poussait dehors avec brutalité la pauvre infirme, ne voulant permettre aucune espèce de contact avec ses propres enfants.

Germaine, toujours humble et douce, ne pensait à ses souffrances que pour les

trouver inférieures à celles que suppor-
taient tant de malheureux qu'elle ren-
contrait sur les chemins du village. —
J'ai du pain, disait-elle souvent, et pendant que je mange, il en est tant d'autres qui n'ont rien à manger. — Aussi
une pieuse commisération la faisait s'in-
génier pour trouver un moyen de soulager les malheureux dans leur misère.

§ 5. Le miracle des Fleurs.

Depuis qu'elle avait été exclue de la
famille, Germaine avait été chargée de
veiller à la nourriture des animaux. Les
enfants de la maison abandonnaient
sans aucun souci dans les coins du logis, les restes du pain qu'ils avaient
pris sur la table, lorsque à la fin du repas ils sortaient pour jouer. La jeune
fille attentive ne laissait rien perdre de
ce fragment destiné aux animaux : elle
choisissait parmi ces restes, les mor-
ceaux qu'aucun mauvais contact n'avait
souillé, et elle les recueillait soigneuse-
ment. Et lorsque sa petite provision lui

paraissait suffisante pour en faire une aumône acceptable, elle courait à quelque malheureux, et avec de douces paroles lui apportait le pain de la charité. Plus d'une fois même, à ce pain du pauvre, elle joignait celui qu'on lui avait donné en quittant la ferme pour le repas de la journée.

Les charités de la pieuse fille n'étaient plus un secret pour les gens de Pibrac, car les mendiants de la contrée avaient raconté les saintes largesses de Germaine. Le bruit de cette générosité de la sainte enfant arriva aux oreilles de la marâtre, qui résolut de surveiller sa belle-fille.

Un jour, la Bergère, suivie du petit troupeau, se dirigeait vers les champs destinés au pâturage; le froid était piquant et la misère plus difficile à supporter pour les pauvres et les malheureux. Germaine avait redoublé de vigilance pour que rien ne fût perdu après les repas des enfants au logis. Elle avait donc une assez belle moisson de pain dans son tablier, et elle courait joyeuse en pensant que cette fois encore elle pourrait soulager quelque infortune. Déjà elle apercevait au bout de la route ses pauvres accoutumés, et elle était toute heureuse de les dédommager aujourd'hui des jeûnes forcés auxquels sa pauvreté et l'incurie des enfants les avaient condamnés les jours précédents. Elle courait joyeuse, oubliant presque son troupeau, lorsque subitement apparait sa marâtre, tenant dans ses mains un lourd bâton. — Je te prends, cette fois, criait-elle, voleuse ; ah ! c'est donc toi qui dérobes le pain de mes enfants. Germaine s'arrête interdite, ses mains laissent échapper les bords du tablier qu'elle tenait relevé. Au même instant, des fleurs fraîches et éblouissantes jonchent le sol et couvrent cette terre qui n'en avait jamais produit de cette espèce en pareille saison.

La marâtre stupéfaite s'enfuit poursuivie par les cris de tous ceux qui avaient été les témoins de ce miracle. Et Germaine, confuse de cette éclatante protection du ciel, cherchait à se dérober aux remercîments des pauvres et des malheureux qui virent la main de Dieu dans un événement si extraordinaire.

§ 6. La Vision des Moines.

Le Ciel, qui prenait tant de soin de la pieuse fille, ne voulait pas la laisser plus longtemps sur la terre. Les souffrances et la patiente résignation de Germaine en avaient fait un fruit mûr pour le paradis. Aussi Dieu la rappela à lui; elle avait vingt-deux ans. Sa mort, arrivée en 1601, fut subite et non point imprévue. Un matin, son père, Laurent Cousin, n'apercevant pas le petit troupeau hors de l'étable, vint au réduit de Germaine et trouva la fille sans mouvement, le sourire sur les lèvres et les mains croisées sur la poitrine.

Bientôt on n'entendit plus dans tout le village de Pibrac que ces mots : La Sainte n'est plus; c'était la voix du peuple, qu'on appelle aussi la voix de Dieu.

Les funérailles de la pauvre infirme furent faites avec une pompe inaccoutumée. On revêtit le corps d'habits blancs, on le couvrit de fleurs, et après les cérémonies de l'Eglise, il fut placé dans une fosse creusée dans le saint temple, un peu à gauche, auprès de la chaire.

Longtemps les vieillards de Pibrac ont raconté un événement merveilleux, survenu pendant la nuit qui avait précédé les funérailles de la Bergère. Aujourd'hui le récit des anciens du village, recueilli de bouche en bouche, a conservé tout l'intérêt du premier jour. Le voici :

A quelque distance de Pibrac, dans la forêt de Bouconne, deux moines avaient couru tout le jour sans pouvoir retrouver leur chemin. Ils avaient longtemps erré et suivi les mille sentiers de ce lieu sauvage, lorsque la nuit survint. Avec les ténèbres, leurs incertitudes augmentèrent ; comprenant dès-lors qu'il ne leur serait pas possible de gagner la route avant le jour du lendemain, il résolurent non sans regrets d'attendre l'aurore dans la prière et la vigilance, tant pour appeler le secours du Ciel que pour éviter toute surprise de la part des animaux malfaisants qui habitaient la forêt.

Ils choisirent un lieu moins couvert et où les arbres plus rares leur permettraient d'éviter toute fâcheuse surprise. Nos moines s'agenouillèrent, et pendant qu'ils faisaient leur prière, ils aperçurent au-dessus de leur tête comme un chemin lumineux que suivait une troupe de jeunes filles vêtues de blanc et tenant des fleurs dans les mains. En même temps une odeur d'une suavité inconnue embauma l'air qu'ils respiraient et des hymnes d'allégresse apportèrent à leurs oreilles une mélodie harmonieuse.

Etonnés de cette vision céleste, les moines immobiles suivirent du regard la troupe angélique, qui disparut bientôt derrière un nuage éclatant de blancheur. Ils échangeaient leurs impressions et se perdaient en conjectures, lorsqu'un chant de voix mélodieuses attira de nouveau leur attention; une odeur suave parfuma les airs, et ils virent encore dans le Ciel la merveilleuse procession. Mais cette fois ils remarquaient entre deux jeunes filles une enfant admirablement belle qui mêlait sa voix à celle de ses compagnes. Et comme les religieux tenaient leurs yeux attentifs, ils ne virent plus rien, l'air redevint calme, et le Ciel ne montra plus que des myriades d'étoiles au milieu d'un silence absolu.

Les moines, persuadés que le Ciel avait voulu leur donner un heureux présage, demeurèrent longtemps en prières en attendant le jour, et lorsque l'aurore eut paru, ils se dirigèrent du côté qu'avait choisi la procession céleste, et ils trouvèrent leur route.

Ils entrèrent dans le village, où ils entendirent ces mots : La Sainte n'est plus, et il leur fut facile de comprendre que leur vision de la nuit n'était que le cortége des jeunes Vierges qui étaient venues prendre leur sœur pour l'introduire dans les douceurs éternelles.

§ 7. Découverte du corps.

Une femme, que la tradition nomme Endoualle, mourut en 1644, à la ferme de Laurent Cousin. On fit creuser la fosse dans l'église de la paroisse : deux hommes avaient été mandés pour ce travail. Ils se rendirent donc dès le matin munis de leurs instruments ; mais voilà qu'au premier coup de pioche, un des travailleurs met à nu un cadavre. Effrayé et ne se rendant pas compte de ce qui arrivait, il courut hors de l'église et appela ceux des villageois qui se rendaient aux champs. Ceux-ci entrèrent dans le temple et aperçurent sur le visage du cadavre découvert une marque rougeâtre, comme si l'instrument du fossoyeur avait frappé un corps vivant.

Tout le village fut bientôt à l'église ; on enleva le cercueil qui fut placé sur le pavé. On le dégagea de tout élément étranger, on l'ouvrit enfin ; et aux fleurs à peine fanées, aux épis de seigle encore conservés, quelques-uns de ceux qui étaient présents déclarèrent que ce corps était celui d'une pieuse fille morte en odeur de sainteté, et qui, depuis quarante-trois ans, était enterré dans cet endroit.

Le corps fut ensuite examiné avec soin. On le trouva entier et préservé de corruption ; les membres étaient attachés les uns aux autres par leurs jointures naturelles et couvertes de l'épiderme. La chair paraissait sensiblement molle en plusieurs parties. Les ongles des pieds et des mains étaient parfaitement adhérents à leur situation ordinaire. La langue même et les oreilles, uniquement desséchées, s'étaient conservées dans leur entier.

On plaça le corps debout près de la chaire de l'église, jusqu'au jour où un miracle lui fit assigner un lieu plus convenable.

CHAPITRE II. — Miracles.

§ 1er. Mme de Beauregard.

Dans le vieux manoir de Bélesta vivait, en l'an 1645, François sire de Beauregard, qui avait épousé noble dame Marie de Clémence-Gras. Après quelques années de mariage, le ciel bénit leur union par la naissance d'un enfant, objet des vœux les plus ardents.

La comtesse fut si heureuse qu'elle voulut elle-même nourrir cet enfant, et elle s'acquittait de ce soin avec un affectueux amour.

Un jour, la dame de Beauregard étant à l'église de Pibrac, sa paroisse, remarqua en face d'elle le cercueil de Germaine Cousin nouvellement exhumé; cette vue lui devenant insupportable, elle ordonna que ce cadavre fût enlevé et placé loin de sa présence.

Après les offices du dimanche, la noble dame revint dans son château, et prenant son jeune enfant entre ses bras, elle le couvrit de caresses et lui offrit le sein maternel. Mais l'enfant refusa toute nourriture et se détourna avec une persistante obstination. Bientôt il fit entendre des cris, et la comtesse fut impuissante à calmer ses pleurs.

Des médecins furent mandés; ils déclarèrent à Mme de Beauregard que la douleur qu'elle ressentait dans sa poitrine, provenait d'un ulcère intérieur, et ils ajoutèrent que le mal était trop profond pour que leur art pût en arrêter les progrès.

Dans ces fâcheuses conjonctures, le sire de Beauregard rappela à la comtesse l'ordre qu'elle avait donné d'enlever le corps de Germaine, et le sentiment pieux de la paroisse froissé et douloureusement impressionné par la translation des restes d'une fille, objet de vénération. La comtesse, frappée de ces observations, rentra en elle-même et promit une réparation.

La nuit suivante, Mme de Beauregard vit sa chambre subitement illuminée, et au milieu de cette lumière elle reconnut Germaine, qui, se penchant sur son lit, lui annonça se guérison et celle de son enfant.

La comtesse, heureuse de cette vision, appelle aussitôt les domestiques, demande qu'on lui apporte son enfant, lui offre le sein qui se trouva parfaitement guéri. Depuis ce moment, l'enfant reprit ses forces, et la mère reconnaissante fit faire un cercueil de plomb pour le corps de la Bergère, et voulut qu'à partir de ce jour il fût placé en un lieu décent et convenable.

§ 2. Profanateurs punis.

A l'époque mille fois déplorable de la Révolution de 93, des actes affreux de vandalisme et d'impiété furent commis dans toute la France. Toulouse, qui possédait dans son insigne basilique des trésors merveilleux, se vit dépouiller indignement par de soi-disant patriotes, qui, au nom de la patrie, spolièrent l'Eglise et profanèrent les reliques des saints.

Les précieuses dépouilles de Germaine ne devaient pas trouver grâce devant les dénonciateurs. La municipalité reçut des lettres qui signalaient la superstition de Pibrac; en conséquence, des ordres furent donnés, et on décida de livrer aux flammes le corps de la jeune Vierge.

Dès que ces ordres furent connus, les habitants de Pibrac furent plongés dans la crainte et la stupeur. On essaya de résister aux injonctions de la commune; mais tout fut inutile, les municipaux n'admettaient pas de résistance; ils désignèrent donc quatre hommes pour opérer l'enlèvement du corps, qui devait ensuite être enfoui dans la sacristie avec de la chair vive. Un des ouvriers requis refusa obstinément son concours, et pendant plusieurs jours il erra dans la campagne plutôt que de prêter sa main à ce qu'il regardait comme une infâme profanation. Les trois autres obéirent. Mais ils portèrent bientôt la peine de leur horrible sacrilége: le premier, à la suite d'une épouvantable maladie, eut le corps partagé en deux et le front constamment incliné vers la terre ; le second eut un bras paralysé, et le troisième fut pris à la tête d'une douleur si violente, que son visage demeura tourné vers l'une des épaules.

Le premier mourut misérablement, et les deux autres, après avoir souffert pendant plus de vingt ans et employé inutilement toutes sortes de remèdes, vinrent au tombeau de Germaine demander pardon de leur conduite passée. La Bienheureuse, contente de leur repentir et de leur retour, les guérit tous deux.

§ 3. Jacqueline Cathala.

Les miracles nombreux opérés par l'intercession de Germaine Cousin, après avoir provoqué diverses enquêtes juridiques, déterminèrent enfin l'autorité ecclésiastique à demander la Béatification de l'humble Bergère.

Pour introduire la Sainte à Rome, il fallut apporter quelques miracles d'une authenticité bien reconnue. Parmi ceux qu'on avait choisis, quatre furent admis par la Congrégation des Rites.

Le premier miracle est la guérison de Jacqueline Cathala, arrivée en 1828.

Voici, du reste, la narration qu'en fit la mère de la miraculée, lors de l'information canonique.

Je partis à pied; j'avais placé ma fille dans un panier sur une bête de somme; nous arrivâmes à Pibrac, c'était un dimanche. Nous entrâmes à l'église, et pendant la messe, au moment du *Sanctus*, Jacqueline poussa un cri, et en même temps j'entendis un craquement qui, je crois, fut produit dans les articulations de son petit corps. J'étais dans une assez grande inquiétude, quand tout-à-coup me vient la pensée que ma fille devait être guérie. Toutefois, je continuai mes prières jusqu'à la communion. A cet instant je recommandai à mon fils de surveiller sa sœur, ne voulant pas l'attacher sur sa chaise comme je faisais toutes les fois que je laissais l'enfant seule. Mais voilà que lorsque je m'approchai de la balustrade pour faire la sainte communion, je me sentis suivie par Jacqueline qui vient s'agenouiller auprès de moi ; elle était toute rayonnante : elle était guérie.

En arrivant à Toulouse, ma fille s'écria en apercevant son père : Je suis guérie, prenez-moi dans vos bras, posez-moi à terre, et vous verrez comme je marche et comment m'a guérie la vénérable Germaine.

Depuis lors, Jacqueline Cathala s'est toujours bien portée.

§ 4. Philippe Luc.

Le second miracle examiné à Rome, fut la guérison instantanée et complète de Philippe Luc, en 1844.

Dès l'âge de douze ans, Philippe avait ressenti au haut de la cuisse une douleur qui bientôt le fit souffrir au point de paralyser ses mouvements. Le mal, au bout de deux ans, se manifesta par une tumeur purulente que plusieurs médecins déclarèrent incurable.

On conseilla aux parents de Philippe de faire entrer l'enfant à l'hôpital, afin qu'il fût mieux soigné. Mais après deux mois de traitements inutiles, Philippe quitta l'hospice et revint à la maison de ses parents.

Le récit des miracles opérés tous les jours au tombeau de la Bergère de Pibrac, le déterminèrent à demander au Ciel ce que la terre était impuissante à lui accorder; il entreprend donc le voyage de Pibrac. Après une course interrompue par de fréquents repos, Philippe arriva à l'église, il entendit la messe, pria auprès des restes vénérés de Germaine. Mais n'ayant rien obtenu pour sa guérison, il revint péniblement à Cornebarrieu, son pays natal. Il était loin, toutefois, de se décourager, et il eut raison; car s'étant mis au lit, accablé de fatigue, il s'endormit d'un doux sommeil, et quand il s'éveilla, sa mère, qui s'était approchée pour penser sa plaie, la trouva complètement guérie.

Les médecins demeurèrent étrangement surpris d'un tel prodige, et l'un d'eux a affirmé par écrit son étonnement.

? § 5. Multiplication du pain et de la farine.

La ville de Bourges, entre autres maisons religieuses, compte un lieu de refuge pour les pauvres filles dont la vertu est en péril.

Vers la fin de l'année 1845, les ressources ordinaires de cette maison ayant fait défaut, le monastère se trouva dans un grand embarras.

Conseillée par le Seigneur, la directrice du couvent eut recours à la Bienheureuse de Pibrac. On commença une neuvaine, et tout le monde, religieuses et pénitentes, appela le secours de Germaine.

Deux sœurs étaient spécialement chargées de la boulangerie, et tous les cinq jours elles cuisaient le pain nécessaire à l'alimentation du personnel de l'établissement. Les petites provisions étant sur le point d'être épuisées, les boulangères avertirent la supérieure, qui à leur grand étonnement voulut faire confectionner toujours la même quantité de pain, mais ordonna en même temps de ne prendre au grenier que la moitié de la farine habituellement nécessaire pour chaque fournée. Accoutumées à l'obéissance, les sœurs firent selon qu'il leur avait été commandé, et elles furent fort surprises de voir qu'à mesure qu'elles faisaient leurs pains, la pâte ne diminuait pas, si bien qu'avec le peu de farine qu'elles avaient apporté, elles firent tant de pains que le four ne put pas les recevoir tous.

Cinq jours s'écoulèrent, pendant lesquels la communauté fut nourrie avec les pains ainsi multipliés. Après ce temps, on prit encore la même quantité de pâte, et on put, comme la première fois, confectionner un égal nombre de pains.

Pendant que ceci se passait au four, la farine qui était dans le grenier ne diminuait pas sensiblement ; mais le tas se maintenait au même point, malgré les soustractions des sœurs boulangères, de telle sorte que cette farine qui au-

rait dû, en temps ordinaire, être épui-
sée à la fin de décembre 1845, dura
jusqu'au commencement du mois de
février de l'année 1846.

Cette multiplication du pain et de la
farine s'est accomplie dans une maison
qui renfermait plus de cent vingt personnes. Les témoins du miracle ont
été nombreux, et la plupart peu dispo-
sés à croire, sans des preuves manifes-
tes et évidentes de vérité.